Impressum
Verlag: BABADADA GmbH, Nedderfeld 112 , 22529 Hamburg
Geschäftsführer / Verlagsleitung: Harald Hof
Druck: Books on Demand GmbH, In de Tarpen 42, 22848 Norderstedt

Imprint
Publisher: BABADADA GmbH, Nedderfeld 112 , 22529 Hamburg, Germany
Managing Director / Publishing direction: Harald Hof
Print: Books on Demand GmbH, In de Tarpen 42, 22848 Norderstedt

مکتب

school

صنف درسی
classroom
تقسیم کردن
divide
186/2
تخته
board
معلم
teacher
کاغذ
paper
نوشتن
write
خودکار
pen
میز کار
desk
خط کش
ruler
کتاب
book
شاگرد
pupil

بیگ مکتب

satchel

قلم دانی

pencil case

پنسل

pencil

پنسل تراش

pencil sharpener

پنسل پاک

rubber

کتابچه رسم

drawing pad

نقاشی

drawing

برس رنگ زنی

paintbrush

بکسک رنگه

paint box

قیچی

scissors

سریش

glue

کتاب تمرین

exercise book

کار خانگی

homework

12

عدد

number

2+2

جمع کردن

add

5-2

تفریق کردن

subtract

2×2

ضرب کردن

multiply

حساب کردن

calculate

A

حرف

letter

ABCDEFG
HIJKLMN
OPQRSTU
VWXYZ

الفبا

alphabet

hello

کلمه

word

متن

text

خواندن

read

تباشیر

chalk

درس

lesson

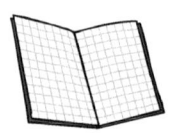

ثبت نام

register

امتحان

examination

تصدیقنامه

certificate

یونیفورم مکتب

school uniform

تحصیل

education

دانشنامه

encyclopedia

پوهنتون

university

مایکروسکوپ

microscope

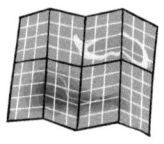

نقشه

map

سبد کاغذ باطله

waste-paper basket

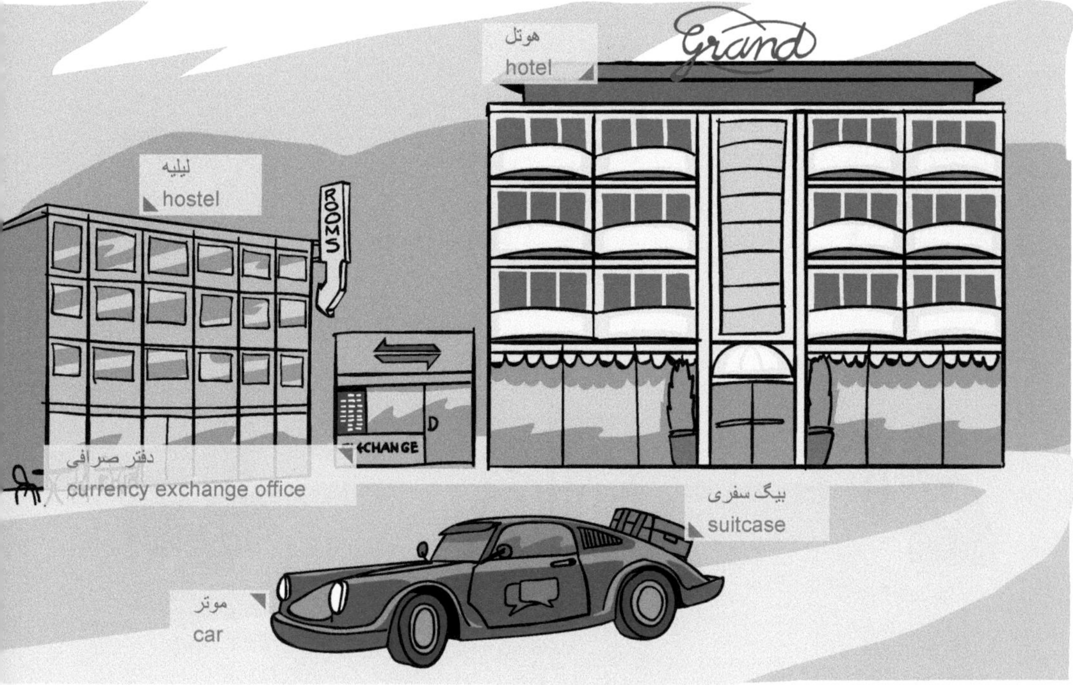
هوتل
hotel
Grand
لیلیه
hostel
ROOMS
CHANGE
دفتر صرافی
currency exchange office
بیگ سفری
suitcase
موتر
car

زبان

language

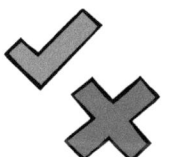

بلی / نخیر

yes / no

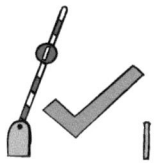

بسیار خوب

Okay

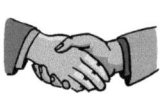

سلام

hello

مترجم

translator

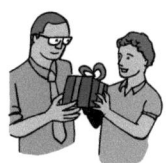

تشکر از شما

Thank you

قیمتش چقدر است؟

how much is…?

نمی فهمم

I don´t get it

مشکل

problem

عصر بخیر! / شب بخیر!

Good evening!

صبح بخیر!

Good morning!

شب بخیر!

Good night!

خداحافظ

goodbye

مسیر

direction

بار مسافر

luggage

بیگ

bag

بیگ پشتکی

backpack

مهمان

guest

اطاق

room

بستره خواب سیار

sleeping bag

خیمه

tent

معلومات توریستی

tourist information

ساحل

beach

کریدیت کارت

credit card

صبحانه

breakfast

طعام چاشت

lunch

غذای شام

dinner

تکت

Ticket

لفت

elevator

مهر

stamp

مرز

border

گمرک

customs

سفارتخانه

embassy

ویزه

visa

پاسپورت

passport

حمل و نقل
transport

طیاره
airplane
کشتی
ship
موتر اطفاییه
fire truck
بس
bus
لاری
truck
قایق موتوری
motorboat
بایسکل
bike
موتر
car

کشتی
ferry

قایق
boat

موترسایکل
motorbike

موتر پولیس
police car

موتر مسابقه
racing car

موتر کرایی
rental car

اشتراک وسایط

car sharing

جر ثقیل

tow truck

موتر حمل زباله

garbage truck

موتور

engine

تیل

fuel

تانک تیل

fuel station

علامت ترافیکی

traffic sign

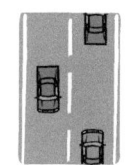

عبور و مرور

traffic

راهبندان

traffic jam

پارک وسایط

parking lot

ایستگاه ریل

train station

خط ریل

tracks

ریل

train

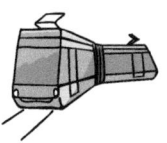

ریل برقی

tram

واگن

wagon

هلیکوپتر

helicopter

میدان هوایی

airport

برج

tower

مسافر

passenger

کانتینر

container

کارتن

carton

گادی

cart

سبد

basket

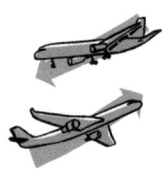

پرواز کردن / فرود آمدن

take off / land

شهر

city

قریه

village

تیاتر شهر

city center

خانه

house

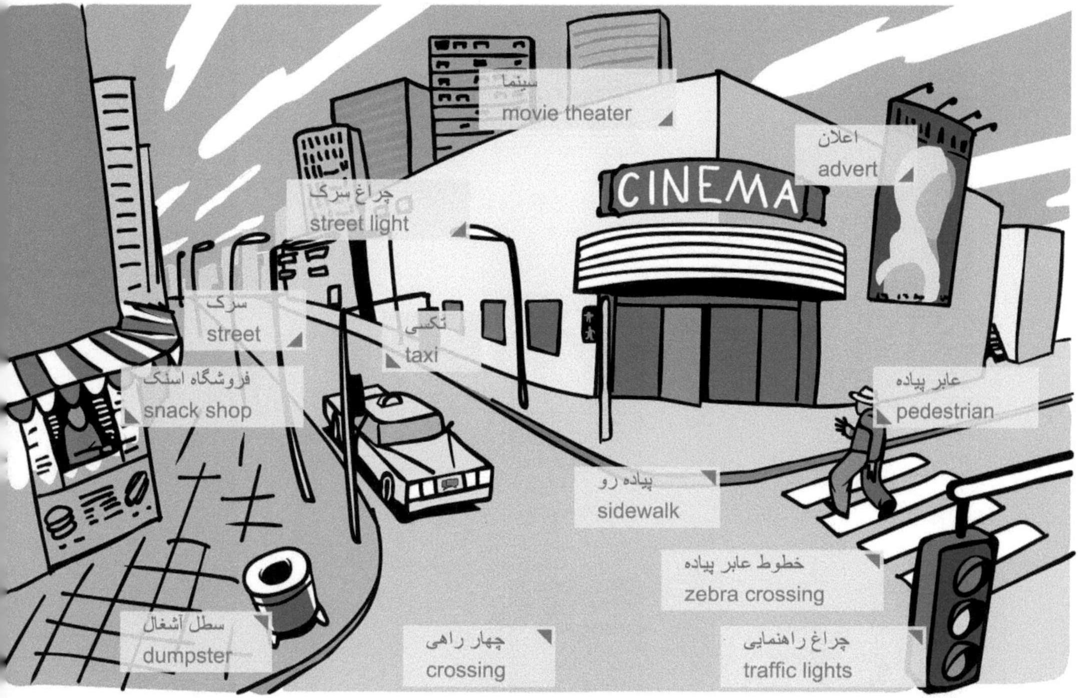

سینما
movie theater

اعلان
advert

چراغ سرک
street light

سرک
street

تکسی
taxi

فروشگاه اسنک
snack shop

عابر پیاده
pedestrian

پیاده رو
sidewalk

خطوط عابر پیاده
zebra crossing

سطل آشغال
dumpster

چهار راهی
crossing

چراغ راهنمایی
traffic lights

CINEMA

کلبه

hut

آپارتمان

apartment

ایستگاه ریل

train station

تالار شهر

city hall

موزیم

museum

مکتب

school

پوهنتون

university

بانک

bank

شفاخانه

hospital

هوتل

hotel

دواخانه

pharmacy

دفتر

office

کتابفروشی

book shop

مغازه

shop

گل فروشی

flower shop

سوپر مارکیت

supermarket

فروشگاه

market

فروشگاه

department store

ماهی فروشی

fishmonger's shop

مرکز خرید

mall

بندر

harbor

پارک

park

دراز چوکی

bench

پل

bridge

زینه ها

stairs

مترو

subway

تونل

tunnel

ایستگاه بس

bus stop

میخانه

bar

رستورانت

restaurant

صندوق پست

postbox

علامت سرک

street sign

ماشین پارکو متر

parking meter

باغ وحش

zoo

حوض آببازی

swimming pool

مسجد

mosque

مزرعه
....
farm

آلوده گی
....
pollution

قبرستان
....
cemetery

کلیسا
....
church

میدان بازی
....
playground

معبد
....
temple

چشم انداز

landscape

برگ
leaf

لوحه
signpost

راه
path

علفزار
meadow

سنگ
stone

درخت
tree

کوهنورد
hiker

دریا
river

علف
grass

گل
flower

دره
....
valley

تپه
....
hill

دریاچه
....
lake

جنگل
....
forest

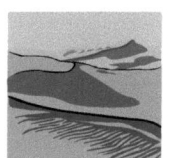

صحرا
....
desert

آتشفشان
....
volcano

قلعه
....
castle

رنگین کمان
....
rainbow

سمارق
....
mushroom

درخت آلو
....
palm tree

پشه
....
mosquito

مگس
....
fly

مورچه
....
ant

زنبور
....
bee

عنکبوت
....
spider

قانغوزک
....
beetle

بقه
....
frog

موش خرما
....
squirrel

خارپشت
....
hedgehog

خرگوش صحرایی
....
hare

بوم
....
owl

پرنده
....
bird

مرغابی
....
swan

خوک وحشی
....
boar

گوزن
....
deer

گوزن شمالی
....
moose

بند آب
....
dam

توربین بادی
....
wind turbine

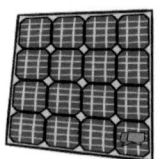

صفحه خورشیدی
....
solar panel

آب و هوا
....
climate

پیشخدمت
waiter

مینوی غذا
menu

چوکی
chair

سوپ
soup

پیتزا
pizza

قاشق و پنجه و کارد
cutlery

روی میزی
tablecloth

پیش غذا

starter

غذای اصلی

main course

شرینی

dessert

نوشیدنی ها

drinks

غذا

food

بوتل

bottle

فاست فود

fast food

غذای کنار سرک

street food

چاینک/ترموز

teapot

قندانی

sugar bowl

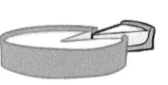

بخش غذا

portion

دستگاه اسپرسو

espresso machine

چوکی بلند

high chair

بل

bill

پطنوس

tray

چاقو

knife

پنجه

fork

قاشق

spoon

قاشق چای خوری

teaspoon

دستپاک دسترخوان یا میز

serviette

گیلاس

glass

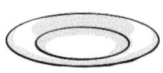

بشقاب
plate

بشقاب سوپ
soup plate

نعلبکی
saucer

چتنی
sauce

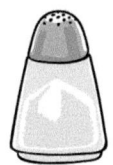

نمکدان
salt shaker

آسیاب مرچ
pepper mill

سرکه
vinegar

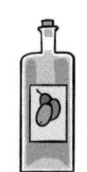

روغن خوراکی
oil

ادویه
spices

کچاپ
ketchup

ساس خردل
mustard

مایونز
mayonnaise

سوپر مارکیت
supermarket

پیشنهاد خاص
special offer
مشتری
customer
لبنیات
dairy products
میوه
fruit
چرخ دستی
shopping cart

قصابی
butcher's shop

نانوایی
bakery

وزن کردن
weigh

سبزیجات
vegetables

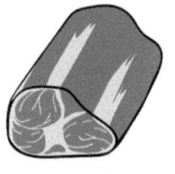

گوشت
meat

غذای منجمد
frozen food

غذای سرد

cold cuts

غذای کنسر شده

canned food

پودر رختشویی

detergent

شیرینی

candy

لوازم خانگی

household products

محصولات پاک کننده

cleaning products

فروشنده

sales representative

دخل پیسه

cash register

صندوقدار

cashier

لست خرید

shopping list

ساعات کاری

opening hours

بکسک جیبی

wallet

کریدیت کارت

credit card

بیگ

bag

بیگ پلاستیکی

plastic bag

نوشیدنی ها

drinks

آب

....

water

جوس

....

juice

شیر

....

milk

نوشابه

....

coke

شراب

....

wine

بیر

....

beer

الکول

....

alcohol

ککو

....

cocoa

چای

....

tea

قهوه

....

coffee

اسپرسو

....

espresso

کاپوچینو

....

cappuccino

کیله

banana

سیب

apple

مالته

orange

تربوز

melon

لیمو

lemon

زردگ

carrot

سیر

garlic

چوب خیزران

bamboo

پیاز

onion

سمارق

mushroom

مغزیات

nuts

آش

noodles

مکرونی

....

spaghetti

برنج

....

rice

سلاد

....

salad

چیپس

....

fries

کچالو سرخ کرده

....

fried potatoes

پیتزا

....

pizza

همبرگر

....

hamburger

ساندویچ

....

sandwich

کتلت

....

escalope

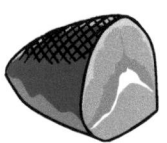

همبرگر

....

ham

سالامی

....

salami

ساسج

....

sausage

مرغ

....

chicken

کباب

....

roast

ماهی

....

fish

فرنی جو

porridge oats

صبحانه رژیمی

muesli

کورن فلکس

cornflakes

آرد

flour

کروسانت

croissant

قرص نان

bread roll

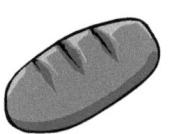

نان خشک

bread

توست / نان بریان

toast

بیسکیت

cookies

مسکه

butter

چکه

curd

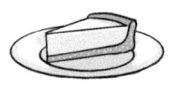

کیک

cake

تخم مرغ

egg

تخم مرغ سرخ شده

fried egg

پنیر

cheese

آیسکریم

ice cream

شکر

sugar

عسل

honey

مربا

jelly

مسکه چاکلیت

nougat cream

زردچوبه هندی

curry

مزرعه

farm

گودام غله
barn
خرمن گاه
straw bale
زمین زراعتی
field
اسب
horse
تریلر
trailer
کره اسب
foal
تراکتور
tractor
خر
donkey
گوسفند
sheep
بره
lamb

بز

goat

گاو

cow

گوساله

calf

خوک

pig

خوکچه

piglet

گاو نر

bull

قاز

goose

مرغابی

duck

چوچه مرغ

chick

مرغ

hen

خروس

cockerel

موش صحرایی

rat

پیشک

cat

موش

mouse

گاومیش

ox

سگ

dog

خانه سگ

dog house

خانه باغ

garden hose

آبپاش

watering can

داس

scythe

قولبه کردن

plow

داس

sickle

کج بیل

hoe

چنگال باغبانی

pitchfork

تبر

axe

کراچی

pushcart

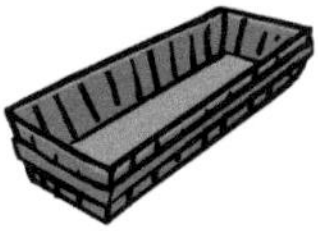

تغار

trough

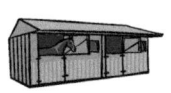

قوطی شیر

milk can

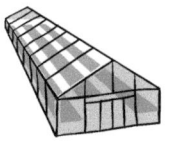

بوجی

sack

دیوار مرزی از چوب یا سیم خار دار

fence

پایدار

stable

گلخانه

greenhouse

خاک

soil

تخم

seed

کود

fertilizer

ماشین درو وخرمنکوبی

combine harvester

مزرعه - farm   29

درو کردن

harvest

درو

harvest

کچالو شرین

yams

گندم

wheat

سویا

soya

کچالو

potato

جواری

corn

کلزا

rapeseed

درخت میوه

fruit tree

مانیوک

manioc

غلات و حبوبات

grain

خانه

house

دودکش
chimney
پشت بام
roof
آب رو
downspout
کلکین
window
گراج
garage
زنگ دروازه
doorbell
دروازه
door
سطل زباله
trash can
صندوق نامه
mailbox
باغچه
garden

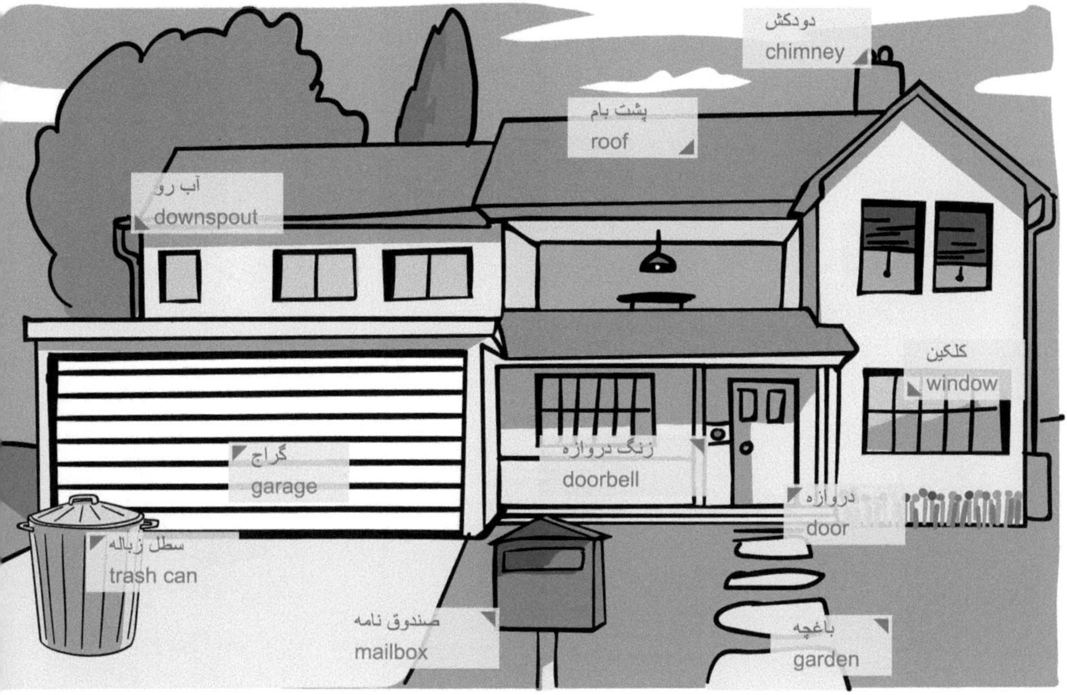

اطاق نشیمن

living room

حمام / دستشویی

bathroom

آشپزخانه

kitchen

اطاق خواب

bedroom

اطاق اطفال

kids room

اطاق پذیرایی

dining room

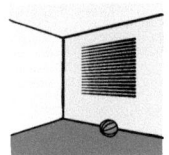

کف زمین

floor

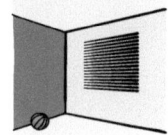

دیوار

wall

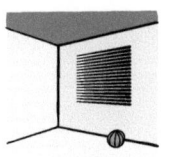

سقف

ceiling

گودام زیر زمینی

cellar

سونا

sauna

بالکن

balcony

برنده / بالکن

terrace

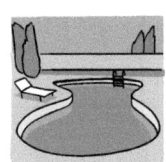

حوض

pool

ماشین درو کردن چمن

lawn mower

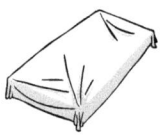

ورق کاغذ

sheet

روجایی

bedspread

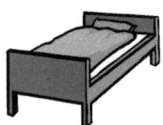

تختخواب

bed

جارو

broom

سطل

bucket

سویچ

switch

اطاق نشيمن

living room

کاغذ دیواری
wallpaper
تصویر
picture
چراغ
lamp
shelf
کابینت
cabinet
تلویزیون
television
بخاری دیواری
fireplace
گل
flower
بالشت
cushion
کوچ
sofa
گلدان
vase
ریموت کنترول
remote control

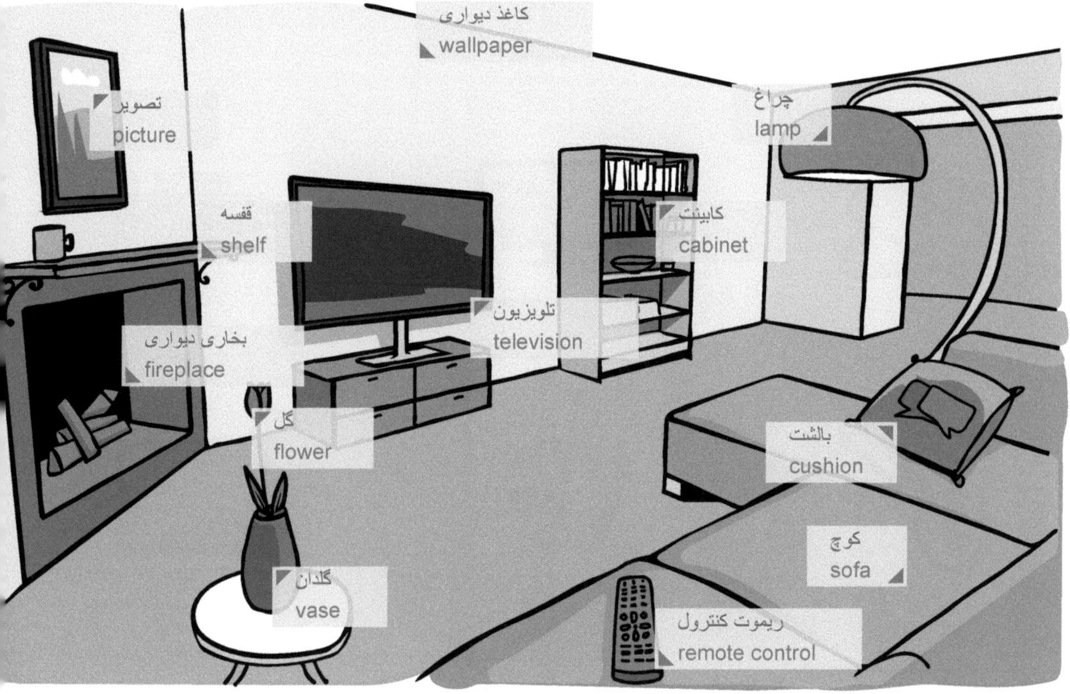

فرش
carpet

پرده
drape

میز
table

چوکی
chair

چوکی گهواره یی
rocking chair

چوکی دسته دار
armchair

كتاب

book

كمپل

blanket

دكوراسيون

decoration

هيزم

firewood

فلم

film

سيستم هاى فاى

stereo system

كليد

key

روزنامه

newspaper

تابلوى نقاشى

painting

پوستر

poster

راديو

radio

دفتر

notebook

جاروبرقى

vacuum cleaner

كاكتوس

cactus

شمع

candle

آشپزخانه

kitchen

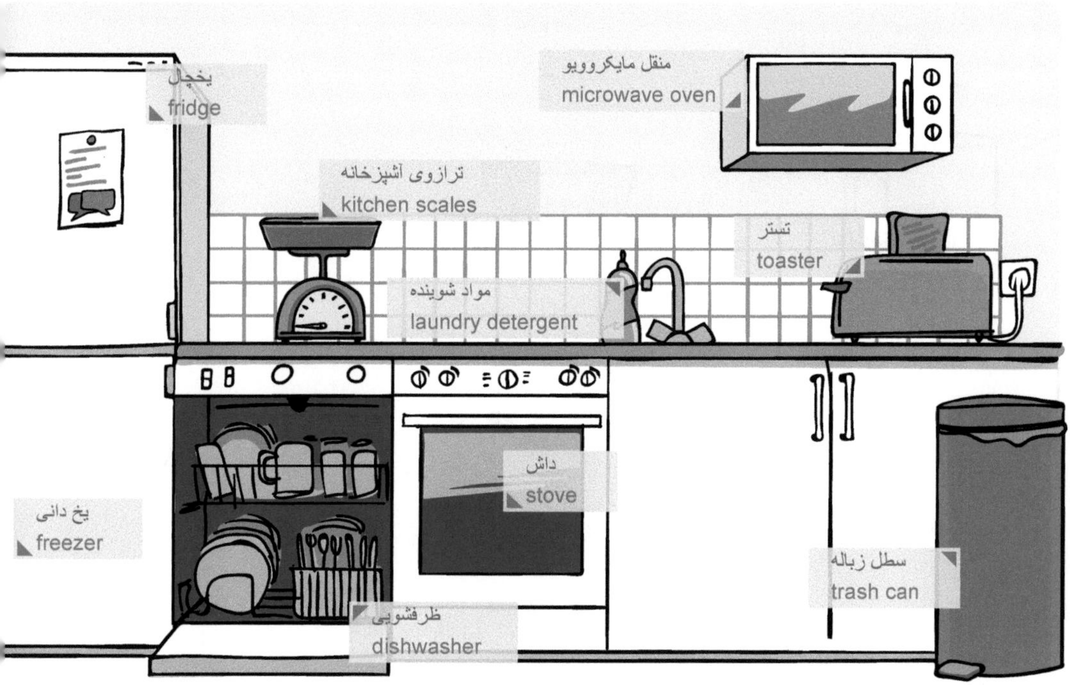

منقل مایکروویو
microwave oven
یخچال
fridge
ترازوی آشپزخانه
kitchen scales
تستر
toaster
مواد شوینده
laundry detergent
داش
stove
یخ دانی
freezer
سطل زباله
trash can
ظرفشویی
dishwasher

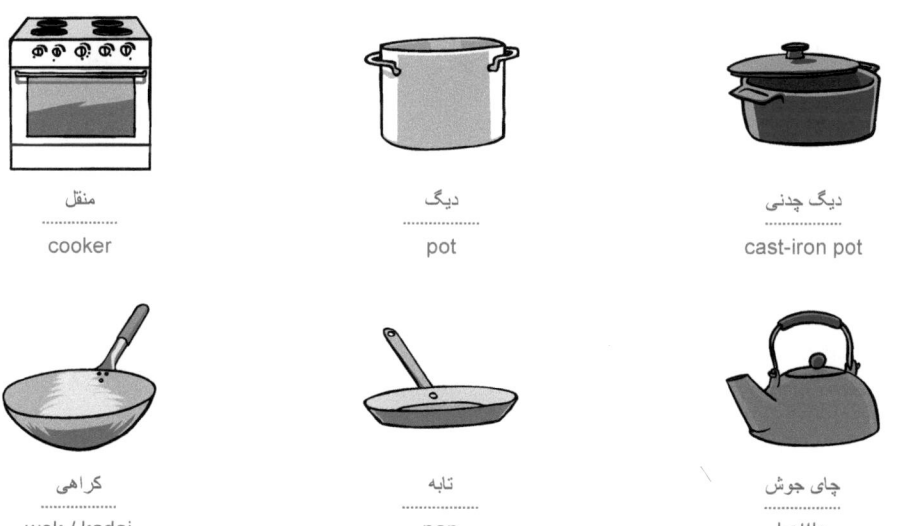

منقل

cooker

دیگ

pot

دیگ چدنی

cast-iron pot

کراهی

wok / kadai

تابه

pan

چای جوش

kettle

بخارپز

steamer

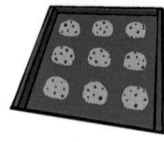

پطنوس طباخی

baking tray

ظروف

crockery

پیاله کلان

mug

کاسه

bowl

چاپستیک ها

chopsticks

ملاقه

ladle

کفگیر

spatula

مخلوط کننده

whisk

چلو صاف

strainer

غلبیل

sieve

رنده

grater

هاونگ

mortar

بار بیکیو

barbecue

آتش باز

fireplace

تخته برش

chopping board

آشگز

rolling pin

سر بازکن

corkscrew

قوطی

can

سر باز کن

can opener

دستگیره تکه ای

oven cloth

ظرف شویی

sink

برس ظرف شویی

brush

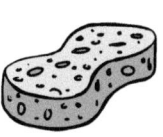

اسفنج

sponge

مخلوط کن

blender

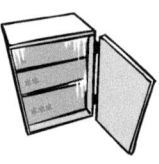

فریزر

deep freezer

شیر چوشک اطفال

baby bottle

نل آب

tap

حمام / دستشویی

bathroom

گرم کننده
heating
شاور
shower
جان پاک
towel
پرده حمام
shower curtain
حمام کف
bubble bath
تب حمام
bathtub
گیلاس
glass
ماشین لباسشویی
washing machine
نل آب
tap
کاشی
tiles
پات اطفال
potty
ظرف شویی
sink

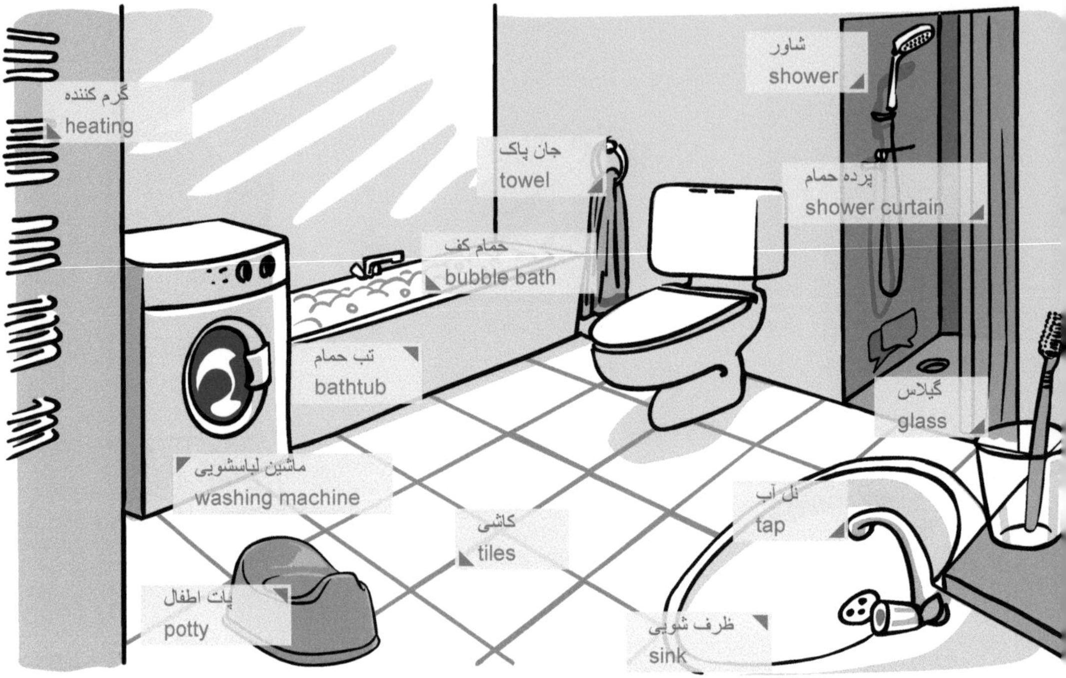

تشناب
....
toilet

کمود فرشی
....
squat toilet

کمود
....
bidet

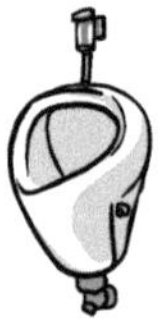

تشناب مرد ها
....
urinal

کاغذ تشناب
....
toilet paper

برس کمود
....
toilet brush

برس دندان

toothbrush

کریم دندان

toothpaste

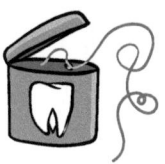

نخ دندان

dental floss

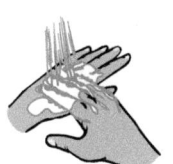

شستن

wash

شاور دستی

hand shower

شاور کمود

douche

دستشویی

basin

برس پشت

back brush

صابون

soap

جل حمام

shower gel

شامپو

shampoo

لیف

flannel

آب رو

drain

کریم

creme

بوزدا

deodorant

آینه

mirror

آینه دستی

hand mirror

ریش تراش

razor

کف ریش تراشی

shaving foam

کلونیا

aftershave

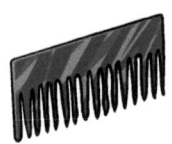

شانه موی

comb

برس

brush

سشوار

hair-dryer

اسپری مو

hairspray

آرایش

makeup

لب سرین

lipstick

رنگ ناخن

nail varnish

پشم پنبه

cotton wool

ناخن گیر

nail scissors

عطر

perfume

کیسه شستشو
....
washbag

چوکی چار پایه
....
stool

ترازوی وزن
....
weighing scales

جان پاک
....
bathrobe

دستکش پلاستیکی
....
rubber gloves

تامپون
....
tampon

کوتکس
....
sanitary towel

تشناب سیار
....
chemical toilet

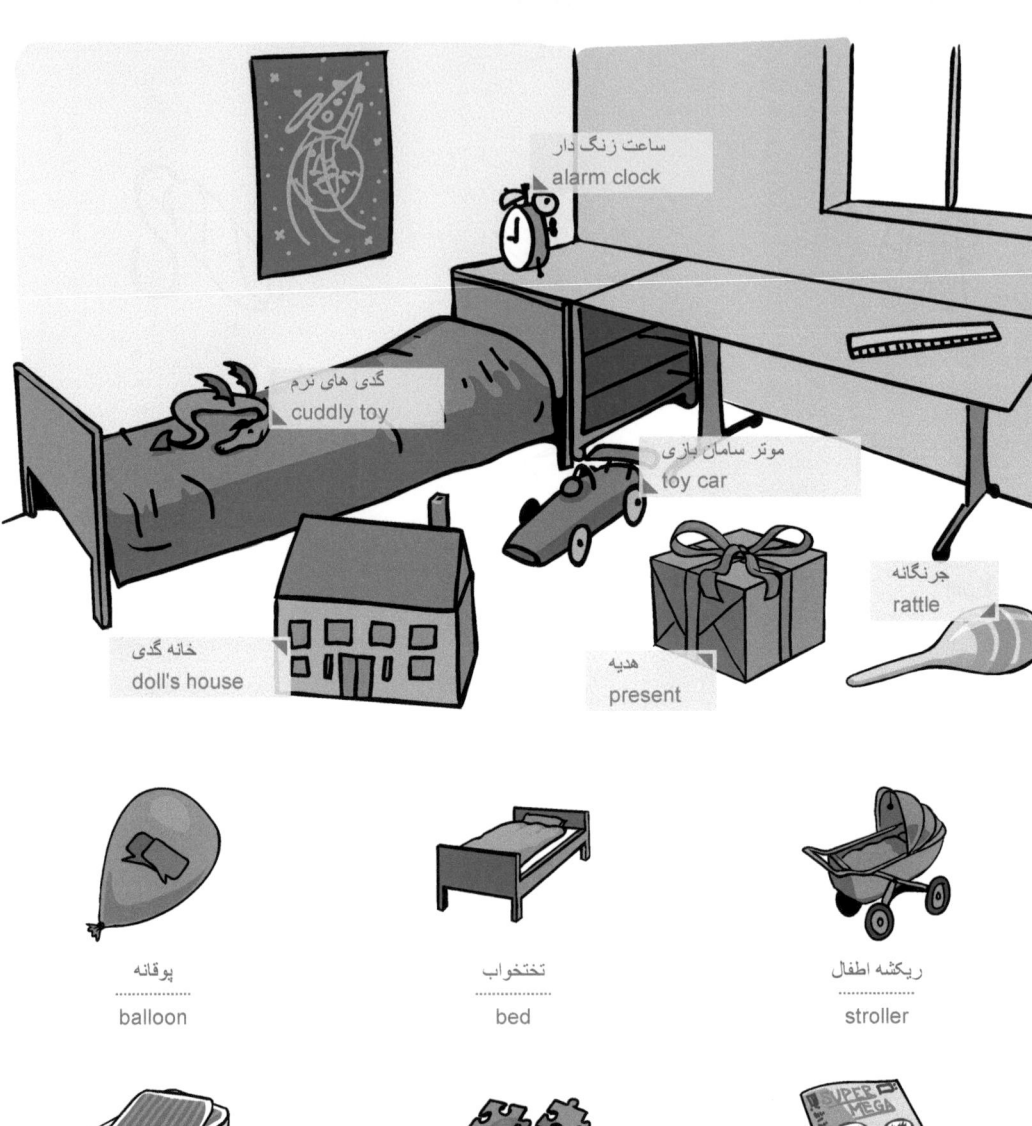

اطاق اطفال

kids room

ساعت زنگ دار
alarm clock
گدی های نرم
cuddly toy
موتر سامان بازی
toy car
جرنگانه
rattle
خانه گدی
doll's house
هدیه
present

پوقانه

balloon

تختخواب

bed

ریکشه اطفال

stroller

قطعه بازی

deck of cards

پازل

jigsaw

خنده آور

comic

خشت های لگو

lego bricks

بلوک های سامان بازی

toy blocks

پچه فلم

action figure

لباس طفل

romper suit

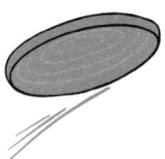

فریزبی

frisbee

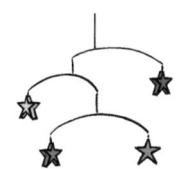

سامان بازی که روی تخت خواب اطفال
اویزان می شود

mobile

بازی تخته یی

board game

تاس

dice

ریل اسباب بازی

model train set

چوشک

pacifier

مهمانی

party

کتاب تصویری

picture book

توپ

ball

گدیگک

doll

بازی کردن

play

جعبه ریگ

sandpit

گاز

swing

اسباب بازی

toys

کنسول بازی کمپیوتری

video game console

سه چرخه

tricycle

خرس سامان بازی

teddy bear

الماری لباس

wardrobe

لباس

clothing

جوراب

socks

جوراب دراز

stockings

برجس

tights

چادر سر
scarf

چتری
umbrella

بلوز
t-shirt

کمربند
belt

بوت
boots

چپلک
slippers

کرمچ
sneakers

چپلی
sandals

بوت
shoes

موزه پلاستیکی
rubber boots

نیکر
underwear

واسکت زنانه
bra

واسکت
undershirt

بدن

body

برزو

pants

پتلون کاوبای

jeans

دامن

skirt

بلوز

blouse

پیراهن

shirt

یالان

pullover

جاکت کلاه دار

sweater

جاکت

blazer

چمپر

jacket

کورتی

coat

کوت بارانی

raincoat

لباس مخصوص مراسم

costume

پیراهن

dress

لباس عروسی

wedding dress

دریشی

suit

لباس خواب

nightgown

پاجامه

pajamas

ساری

sari

چادر سر

headscarf

لنگی

turban

چادری

burka

کفتان

kaftan

چادر

abaya

لباس آببازی

swimsuit

نیکر پاچه دار

trunks

پتلون نصفه

shorts

لباس ورزشی

tracksuit

پیش بند

apron

دستکش

gloves

دکمه

button

عینک

glasses

دستبند

bracelet

گردن بند

necklace

انگشتر

ring

گوشواره

earring

کلاه پیک دار

cap

کوت بند

coat hanger

کلاه

hat

نیکتایی

tie

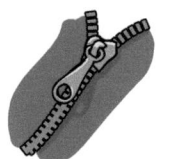

زیپ

zip

کلاه مصون

helmet

بند تنبان

braces

یونیفورم مکتب

school uniform

یونیفورم

uniform

پیش بند

bib

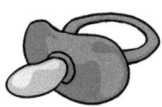

چوشک

pacifier

پمپر

diaper

دفتر
office

سرور
server
الماری اسناد
filing cabinet
پرینتر
printer
کاغذ
paper
مانیتور
monitor
ماوس
mouse
میز کار
desk
فولدر
folder
کیبورد
keyboard
سبد کاغذ باطله
waste-paper basket
کمپیوتر
computer
چوکی
chair

گیلاس قهوه

coffee mug

ماشین حساب

calculator

اینترنت

internet

لپ تاپ

laptop

نامه

letter

پیام

message

موبایل

cell phone

شبکه

network

ماشین فوتوکاپی

photocopier

نرم افزار

software

تلیفون

telephone

پلک

plug socket

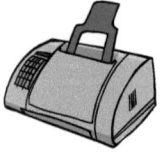

دستگاه فکس

fax machine

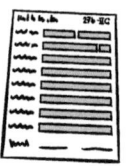

فورمه

form

سند

document

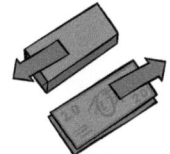

اقتصاد

economy

خرید کردن

buy

پرداختن

pay

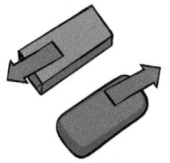

تجارت کردن

trade

پول

money

دالر

dollar

یورو

euro

ین

yen

روبل

rouble

فرانک سوئیس

Swiss franc

یوان رنمینبی

renminbi yuan

روپیه

rupee

خودپرداز

cash point

دفتر صرافی

currency exchange office

طلا

gold

نقره

silver

نفت

oil

انرژی

energy

قیمت

price

قرارداد

contract

مالیات

tax

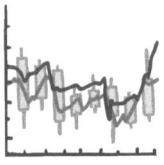

سهام

stock

کار کردن

work

کارمند

employee

استخدام کننده

employer

فابریکه

factory

مغازه

shop

شغل ها
occupations

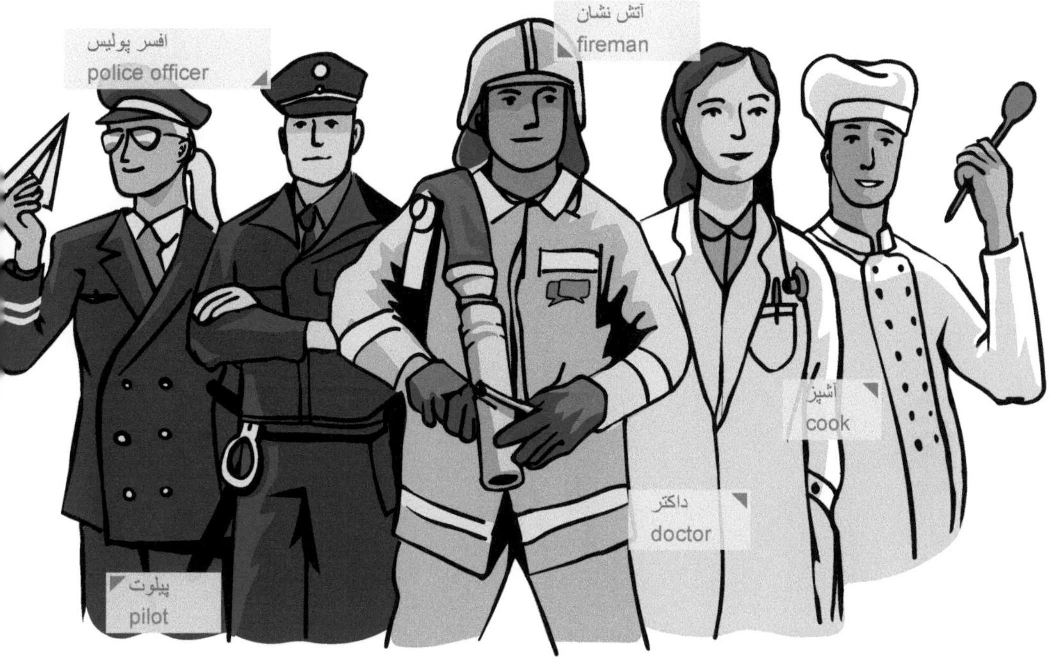

افسر پولیس
police officer
آتش نشان
fireman
آشپز
cook
داکتر
doctor
پیلوت
pilot

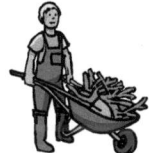

باغبان

gardener

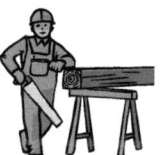

نجار

carpenter

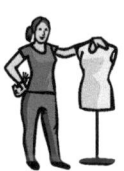

خیاط

seamstress

قاضی

judge

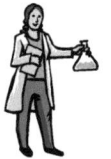

کیمیا دان

chemist

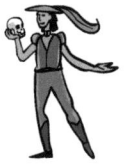

بازیگر

actor

راننده بس

bus driver

راننده تکسی

taxi driver

ماهیگیر

fisherman

خدمه

cleaning lady

سقف ساز

roofer

پیشخدمت

waiter

شکارچی

hunter

نقاش

painter

نانوا

baker

برقی

electrician

بنا

builder

انجنیر

engineer

قصاب

butcher

نلدوان

plumber

پستچی

postman

شغل ها - occupations

سرباز

soldier

معمار

architect

صندوقدار

cashier

گل فروش

florist

آرایشگر

hairdresser

مامور تکت ریل

conductor

میخانیک

mechanic

کاپیتان

captain

داکتر دندان

dentist

دانشمند

scientist

خاخام/ عالم یهودی

rabbi

امام

imam

راهب

monk

ملا

pastor

ابزار
tools

پلاس
pliers
چکش
hammer
پیچ کش
screwdriver
چراغ دستی
torch
رینچ
wrench

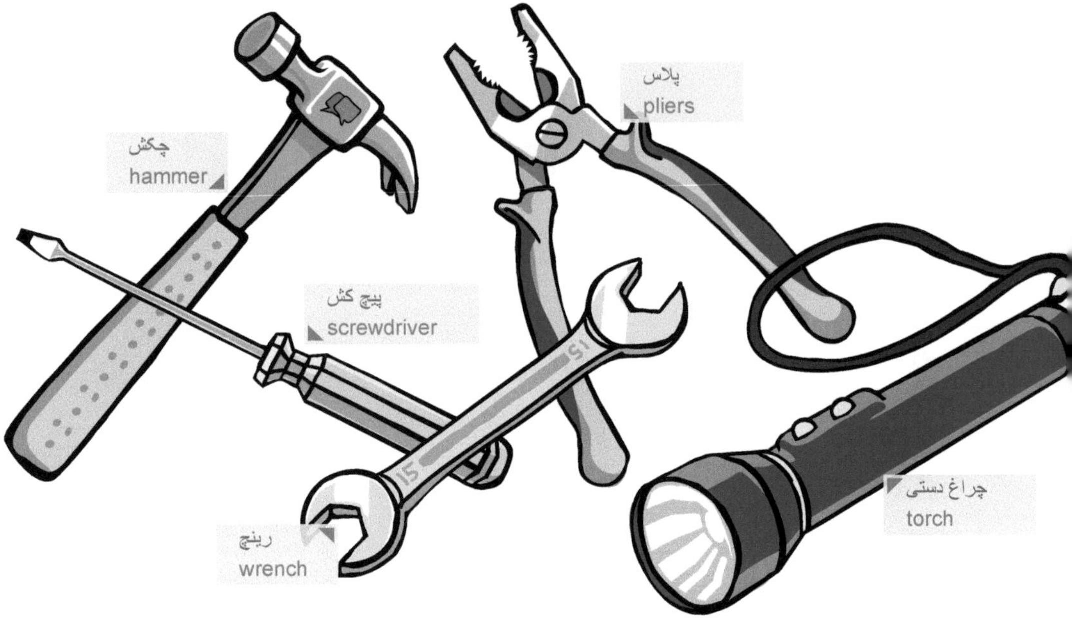

ماشین حفاری
excavator

جعبه ابزار
toolbox

زینه
ladder

اره
saw

میخ
nails

برمه
drill

ترمیم کردن

repair

بیل

shovel

لعنتی!

Damn!

خاکروبه

dustpan

سطل رنگ

paint can

پیچ

screws

آلات موسیقی

musical instruments

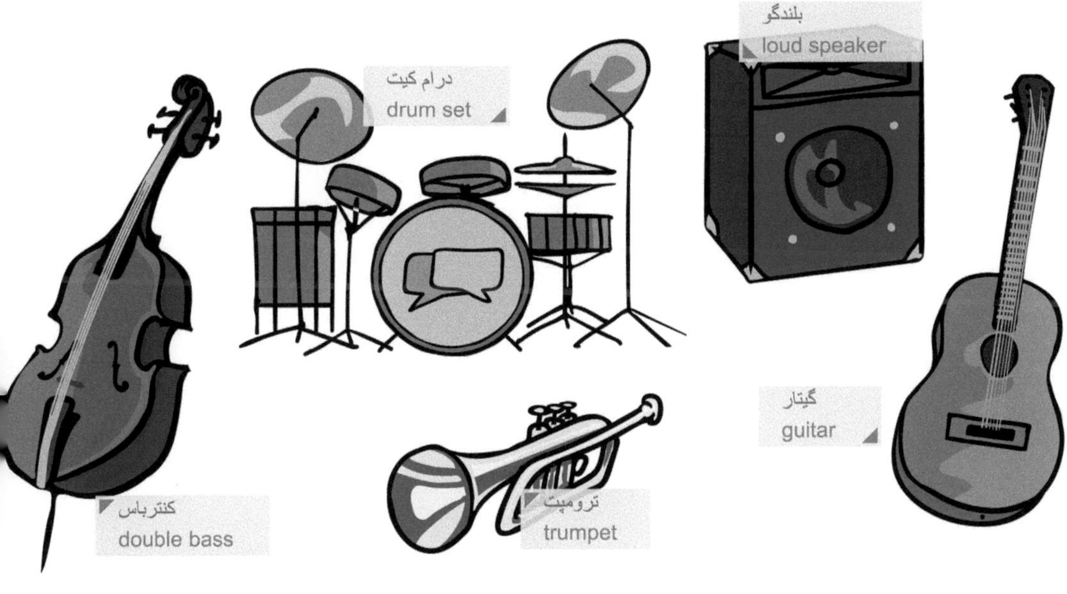

بلندگو
loud speaker

درام کیت
drum set

گیتار
guitar

کنترباس
double bass

ترومپت
trumpet

پیانو

piano

وایلن

violin

گیتار بیس

bass

دهل

timpani

دول

drums

پیانوی برقی

keyboard

ساکسوفون

saxophone

توله

flute

میکروفون

microphone

باغ وحش

zoo

ورودی
entrance
ببر
tiger
قفس
cage
گوره خر
zebra
غذای حیوانات
animal feed
پاندا
panda

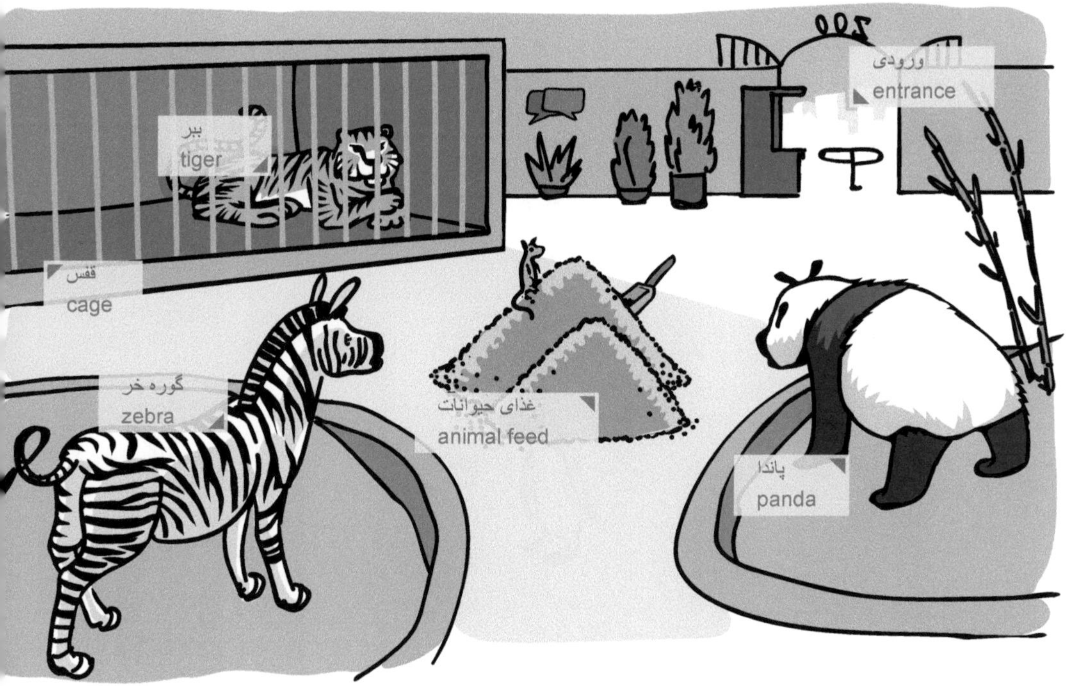

حیوانات
animals

فیل
elephant

کانگورو
kangaroo

غژ گاو
rhino

گوریلا
gorilla

خرس
bear

شتر

camel

شترمرغ

ostrich

شیر

lion

میمون

monkey

فلامینگو

flamingo

طوطی

parrot

خرس قطبی

polar bear

پنگوئن

penguin

کوسه

shark

طاووس

peacock

مار

snake

تمسا

crocodile

نگهبان باغ وحش

zookeeper

سگ آبی

seal

پلنگ خالدار امریکایی

jaguar

اسب کوچک

pony

پلنگ

leopard

اسب آبی

hippo

زرافه

giraffe

عقاب

eagle

خوک وحشی

boar

ماهی

fish

سنگ پشت

turtle

شیر دریایی

walrus

روباه

fox

غزال

gazelle

ورزش ها

sports

فوتبال امریکایی
American football
بایسکل سواری
cycling
تنیس
tennis
باسکتبال
basketball
آب بازی
swimming
بوکس
boxing
هاکی روی یخ
ice hockey

فوتبال
soccer

بدمینتون
badminton

ورزشکاری
athletics

هندبال
handball

اسکی
skiing

پولو
polo

فعالیت ها

activities

خندیدن
laugh
خیز زدن
jump
بغل کردن
hug
راه رفتن
walk
خواندن
sing
خواب دیدن
dream
دعا کردن
pray
بوسیدن
kiss

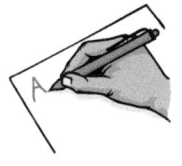

نوشتن

write

کشیدن

draw

نشان دادن

show

تیله کردن

push

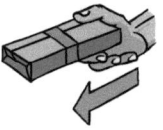

دادن

give

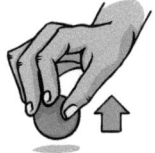

گرفتن

take

داشتن
have

انجام دادن
do

بودن
be

ایستادن
stand

دویدن
run

کش کردن
pull

پرتاب کردن
throw

افتادن
fall

دروغ گفتن
lie

صبر کردن
wait

حمل کردن
carry

نشستن
sit

لباس پوشیدن
get dressed

خوابیدن
sleep

بیدار شدن
wake up

نگاه کردن

look at

گریه کردن

cry

ضربه زدن

stroke

شانه کردن

comb

صحبت کردن

talk

فهمیدن

understand

پرسیدن

ask

گوش دادن

listen

نوشیدن

drink

خوردن

eat

مرتب کردن

tidy up

عشق ورزیدن

love

پختن

cook

راننده گی کردن

drive

پرواز کردن

fly

روی آب حرکت کردن

....

sail

حساب کردن

....

calculate

خواندن

....

read

یاد گرفتن

....

learn

کار کردن

....

work

ازدواج کردن

....

marry

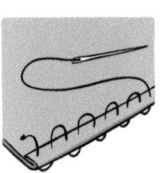

دوختن

....

sew

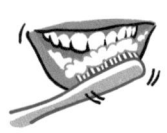

برس کردن دندان ها

....

brush teeth

کشتن

....

kill

سگریت کشیدن

....

smoke

فرستادن

....

send

مادرکلان
grandmother

پدرکلان
grandfather

پدر
father

مادر
mother

نوزاد
baby

دختر
daughter

پسر
son

مهمان
guest

عمه / خاله
aunt

ماما/کاکا
uncle

برادر
brother

خواهر
sister

بدن

body

پیشانی
forehead
چشم
eye
شانه
shoulder
انگشت
finger
روی
face
زنخ
chin
دست
hand
سینه
breast
پا
leg
بازو
arm

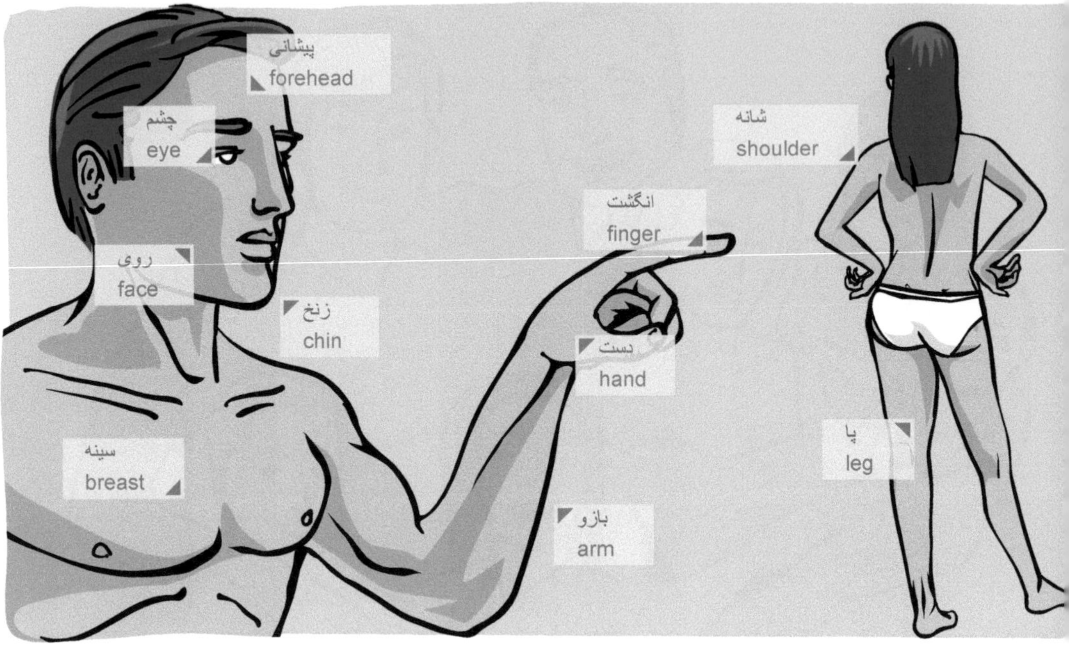

نوزاد

baby

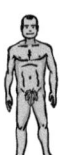

مرد

man

زن

woman

دختر

girl

پسر

boy

سر

head

کمر

back

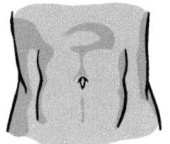

شکم

belly

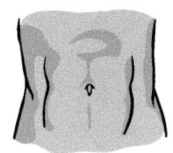

ناف

navel

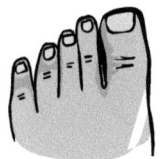

انگشت پا

toe

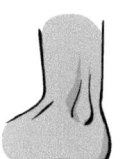

کوری پای

heel

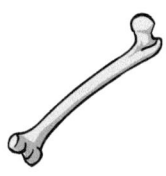

استخوان

bone

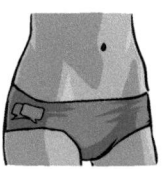

کمر

hip

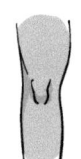

زانو

knee

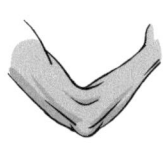

آرنج

elbow

بینی

nose

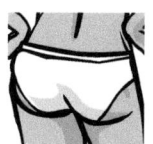

سرین

buttocks

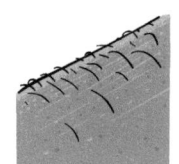

پوست

skin

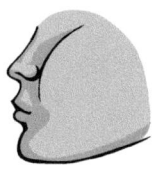

کومه

cheek

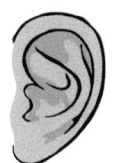

گوش

ear

لب

lip

دهان

mouth

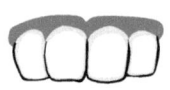

دندان

tooth

زبان

tongue

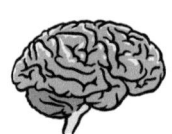

مغز

brain

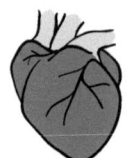

قلب

heart

عضله

muscle

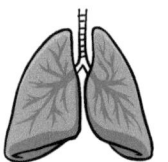

شُش

lung

جگر

liver

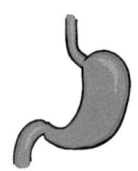

معده

stomach

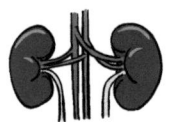

گرده

kidneys

رابطه جنسی

sex

کاندوم

condom

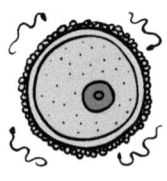

تخمه

ovum

آب منی

semen

حاملگی

pregnancy

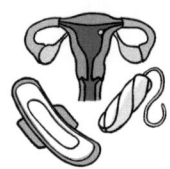

قاعده گی

menstruation

مجرای تناسلی زن

vagina

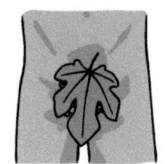

آلت تناسلی مرد

penis

ابرو

eyebrow

مو

hair

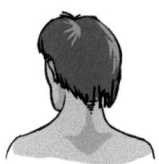

گردن

neck

شفاخانه

hospital

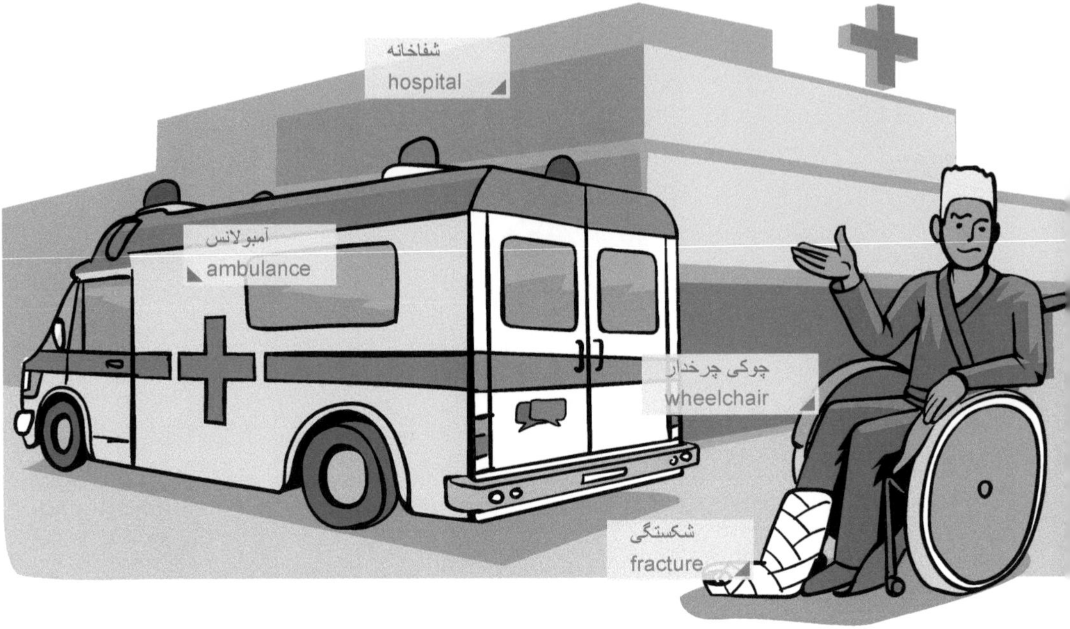

شفاخانه
hospital
آمبولانس
ambulance
چوکی چرخدار
wheelchair
شکستگی
fracture

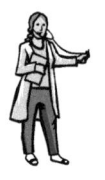

داکتر

doctor

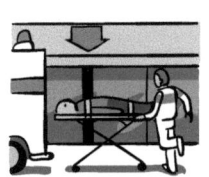

اطاق عاجل

emergency room

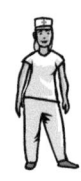

نرس

nurse

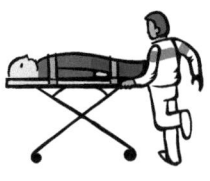

عاجل

emergency

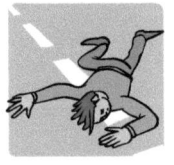

بیهوش

unconscious

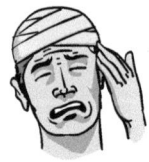

درد

pain

جراحت

injury

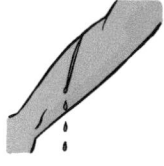

خونریزی

bleeding

حمله قلبی

heart attack

سکته مغزی

stroke

حساسیت

allergy

سرفه

cough

تب

fever

انفلوانزا

flu

اسهال

diarrhea

سردرد

headache

سرطان

cancer

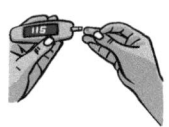

شکر

diabetes

جراح

surgeon

چاقوی جراحی

scalpel

عملیات

operation

سی تی

CT

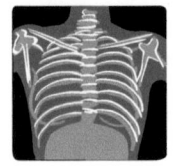

ایکسری

x-ray

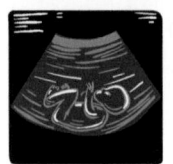

سونوگرافی

ultrasound

ماسک روی

face mask

مریضی

disease

اطاق انتظار

waiting room

عصا

crutch

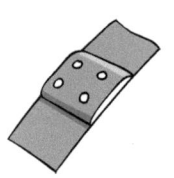

گچ

plaster

پانسمان

bandage

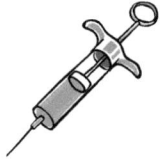

تزریق

injection

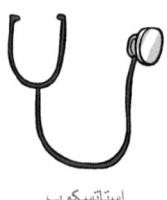

استاتسکوپ

stethoscope

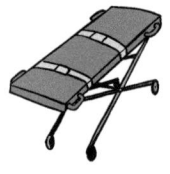

تذکره

stretcher

ترمامیتر کلینیکی

clinical thermometer

تولد

birth

اضافه وزن

overweight

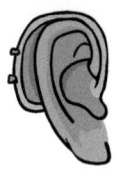

سمعک

hearing aid

ضدعفونی کننده

disinfectant

عفونت

infection

وایروس

virus

اچ آی وی / ایدز

HIV / AIDS

ادویه

medicine

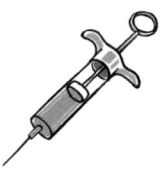

واکسیناسیون

vaccination

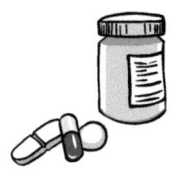

تابلیت ها

tablets

تابلیت

pill

تماس اضطراری

emergency call

مانیتور فشار خون

blood pressure monitor

بیمار / سالم

ill / healthy

عاجل

emergency

کمک!

Help!

زنگ هشدار

alarm

تجاوز

assault

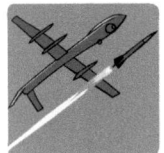

حمله

attack

خطر

danger

خروج اضطراری

emergency exit

آتش!

Fire!

آله ضد حریق

fire extinguisher

حادثه

accident

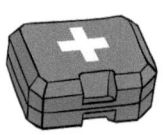

بکسه کمک های اولیه

first-aid kit

پیام اضطراری

SOS

پولیس

police

زمین
earth

اروپا

Europe

امریکای شمالی

North America

امریکای جنوبی

South America

آفریقا

Africa

آسیا

Asia

استرالیا

Australia

اقیانوس اطلس

Atlantic

اقیانوس آرام

Pacific

اقیانوس هند

Indian Ocean

اقیانوس منجمد جنوبی

Antarctic Ocean

اقیانوس منجمد شمالی

Arctic Ocean

قطب شمال

North pole

قطب جنوب

South pole

قاره قطب جنوب

Antarctica

زمین

earth

خشکی

land

دریا

sea

جزیره

island

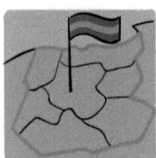

ملت

nation

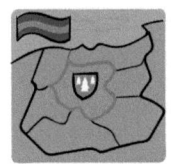

کشور

state

ساعت
clock

روی ساعت

....

clock face

عقربه ساعت شمار

....

hour hand

عقربه دقیقه شمار

....

minute hand

عقربه ثانیه شمار

....

second hand

ساعت چند است؟

....

What time is it?

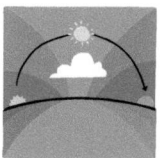

روز

....

day

زمان

....

time

اکنون

....

now

ساعت دستی دیجیتل

....

digital watch

دقیقه

....

minute

ساعت

....

hour

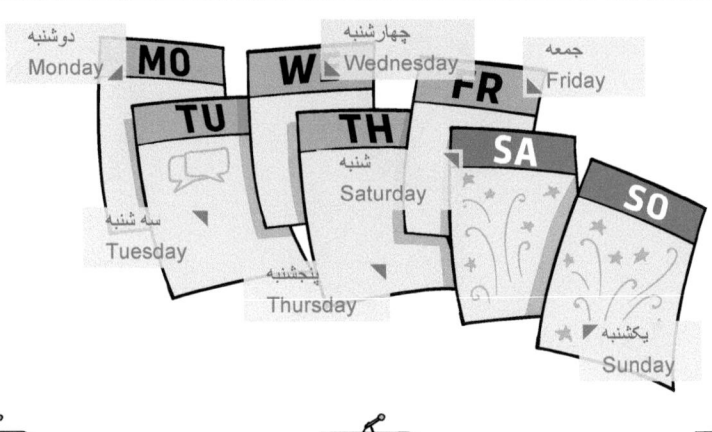

هفته

week

MO
TU
W
TH
FR
SA
SO
دوشنبه
Monday
سه شنبه
Tuesday
چهارشنبه
Wednesday
پنجشنبه
Thursday
جمعه
Friday
شنبه
Saturday
یکشنبه
Sunday

TUE
MON
1

دیروز

yesterday

TUE
2

امروز

today

TUE
3

فردا

tomorrow

صبح

morning

ظهر

noon

غروب

evening

MO TU WE TH FR SA SU
1 2 3 4 5 6 7
8 9 10 11 12 13 14
15 16 17 18 19 20 21
22 23 24 25 26 27 28
29 30 31 1 2 3 4

روزهای کاری

workdays

MO TU WE TH FR SA SU
1 2 3 4 5 6 7
8 9 10 11 12 13 14
15 16 17 18 19 20 21
22 23 24 25 26 27 28
29 30 31 1 2 3 4

آخر هفته

weekend

سال

year

رنگین کمان
rainbow
باران
rain
برف
snow
شمال
wind
بهار
spring
خزان
fall
تابستان
summer
زمستان
winter

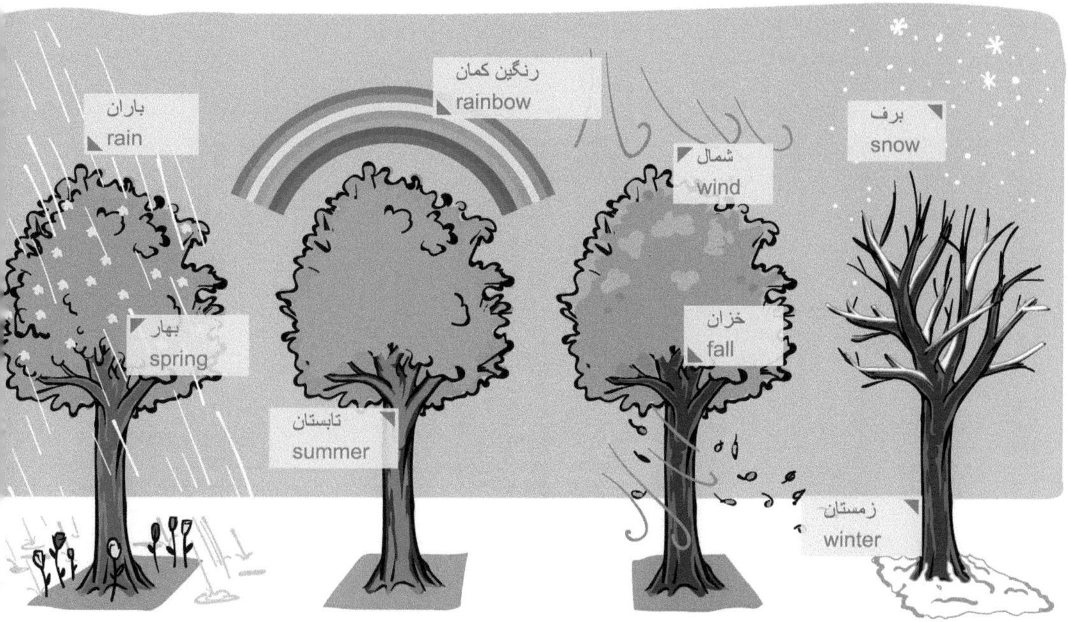

پیش بینی آب و هوا

....

weather forecast

F

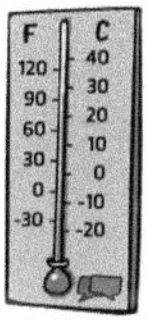

ترمامیتر

....

thermometer

آفتاب

....

sunshine

ابر

....

cloud

غبار

....

fog

رطوبت

....

humidity

رعد و برق

lightning

الماسک

thunder

طوفان

storm

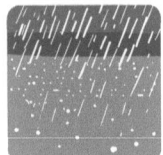

ژاله

hail

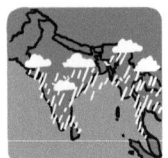

موسم بارندگی

monsoon

سیل

flood

یخ

ice

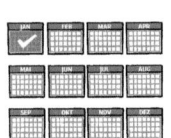

جنوری

January

فبروری

February

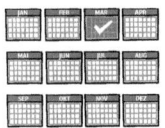

مارچ

March

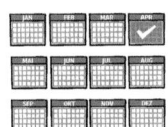

اپریل

April

می

May

جون

June

جولای

July

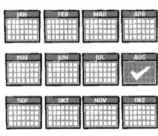

اگست

August

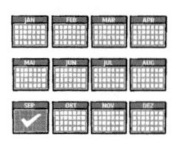

سپتمبر
....
September

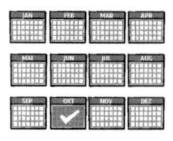

اکتوبر
....
October

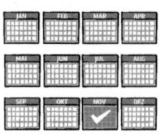

نومبر
....
November

دسمبر
....
December

شکل ها

shapes

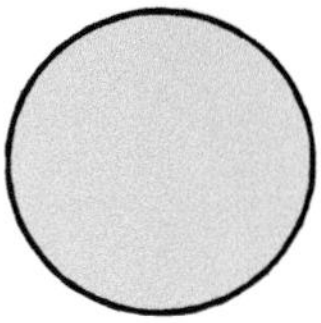

دایره
....
circle

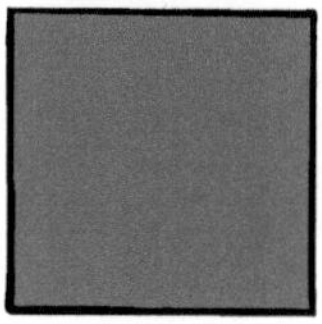

مربع
....
square

مستطیل
....
rectangle

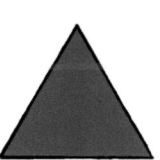

مثلث
....
triangle

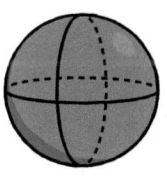

کره
....
sphere

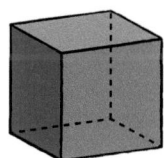

مکعب
....
cube

رنگ ها

colors

سفید

....

white

زرد

....

yellow

نارنجی

....

orange

گلابی

....

pink

سرخ

....

red

بنفش

....

purple

آبی

....

blue

سبز

....

green

نصواری/قهوه یی

....

brown

خاکستری

....

gray

سیاه

....

black

متضاد ها

opposites

زیاد / کم

....

a lot / a little

عصبانی / آرام

....

angry / calm

مقبول / بدرنگ

....

beautiful / ugly

آغاز / پایان

....

beginning / end

بزرگ / کوچک

....

big / small

روشن / تیره

....

bright / dark

برادر / خواهر

....

brother / sister

پاک / کثیف

....

clean / dirty

کامل / ناقص

....

complete / incomplete

روز / شب

....

day / night

مرده / زنده

....

dead / alive

عریض / باریک

....

wide / narrow

خوراکی / غیر خوراکی

edible / inedible

عصبانی / دوستانه

evil / kind

هیجان زده / کسل

excited / bored

چاق / لاغر

fat / thin

اول / آخر

first / last

دوست / دشمن

friend / enemy

پر / خالی

full / empty

سخت / نرم

hard / soft

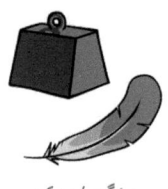

سنگین / سبک

heavy / light

گرسنگی / تشنگی

hunger / thirst

بیمار / سالم

ill / healthy

غیر قانونی / قانونی

illegal / legal

باهوش / احمق

intelligent / stupid

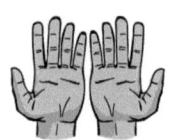

چپ / راست

left / right

نزدیک / دور

near / far

نو / کهنه

new / used

هیچ چیز / چیزی

nothing / something

پیر / جوان

old / young

روشن / خاموش

on / off

باز / بسته

open / closed

بی صدا / پر سر و صدا

quiet / loud

ثروتمند / فقیر

rich / poor

صحیح / غلط

right / wrong

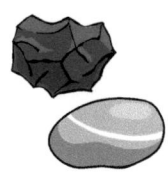

ناهموار/ هموار

rough / smooth

غمگین / خوشحال

sad / happy

کوتاه / بلند

short / long

آهسته / سریع

slow / fast

تر / خشک

wet / dry

گرم / سرد

warm / cool

جنگ / صلح

war / peace

اعداد
numbers

0	1	2
صفر	یک	دو
zero	one	two
3	4	5
سه	چهار	پنج
three	four	five
6	7	8
شش	هفت	هشت
six	seven	eight
9	10	11
نه	ده	یازده
nine	ten	eleven

12

دوازده
....
twelve

13

سیزده
....
thirteen

14

چهارده
....
fourteen

15

پانزده
....
fifteen

16

شانزده
....
sixteen

17

هفده
....
seventeen

18

هجده
....
eighteen

19

نوزده
....
nineteen

20

بیست
....
twenty

100

صد
....
hundred

1.000

هزار
....
thousand

1.000.000

میلیون
....
million

زبان ها

languages

انگلیسی

English

انگلیسی امریکایی

American English

چینی ماندارین

Chinese Mandarin

هندی

Hindi

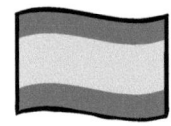

اسپانیایی

Spanish

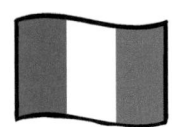

فرانسوی

French

عربی

Arabic

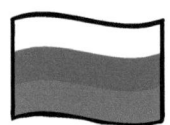

روسی

Russian

پرتغالی

Portuguese

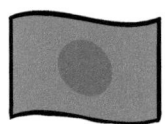

بنگالی

Bengali

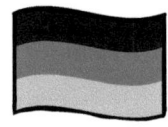

آلمانی

German

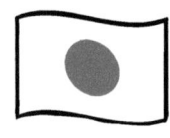

جاپانی

Japanese

کی/چی/چطور

who / what / how

من

I

شما

you

او / او / آن

he / she / it

ما

we

شما

you

آن ها

they

کی؟

who?

چی؟

what?

چطور؟

how?

کجا؟

where?

چه وقت؟

when?

اسم

name

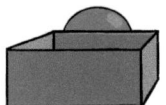

کجا

where

عقب

behind

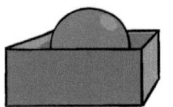

در

in

پیش روی

in front of

بالا

over

روی

on

زیر

under

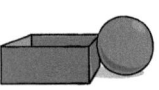

پهلو

beside

میان

between

محل

place